Tableaux Anciens

DE PREMIER ORDRE

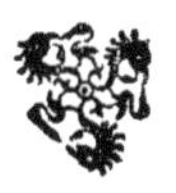

Me GEORGES DUCHESNE

COMMISSAIRE-PRISEUR

M. HENRI HARO

PEINTRE-EXPERT

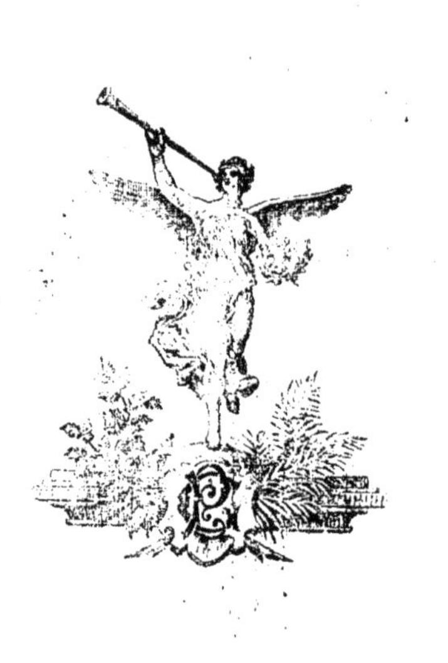

CATALOGUE

DES

Tableaux Anciens

DE PREMIER ORDRE

PAR

F. BOUCHER, A. DÜRER, H. FRAGONARD, LE MOYNE
MURILLO, PATER, ETC.

Formant la Collection de M. S...

Dont la vente aura lieu à Paris

HOTEL DROUOT, Salle N° 1

Le Jeudi 14 Juin 1900

A TROIS HEURES ET DEMIE

Me Georges DUCHESNE

COMMISSAIRE-PRISEUR

6, rue de Hanovre, 6

M. Henri HARO

PEINTRE-EXPERT

14, rue Visconti, et rue Bonaparte, 2

EXPOSITIONS

GALERIE GEORGES PETIT

8, Rue de Sèze, 8

PARTICULIÈRE : Le Mardi 12 Juin 1900, de 1 h. à 6 h.

PUBLIQUE : Le Mercredi 13 Juin 1900, de 10 h. à midi et de 1 h. à 5 h. 1/2.

CONDITIONS DE LA VENTE

Elle sera faite *expressément* au comptant.

Les Acquéreurs payeront CINQ POUR CENT en sus des adjudications, applicables aux frais de la vente.

Paris. — Imp. Georges Petit, 12, rue Godot-de-Mauroi. — [illegible]

PRÉFACE

L'amateur qui avait réuni les tableaux anciens, dont la description fait l'objet de ce catalogue, professait le dédain de l'encombrement, et voulait ne pas émietter sur une infinité d'œuvres la joie qu'il convient d'éprouver au contact de l'art. Dans son cabinet, peu de numéros ; mais des numéros choisis avec un soin tout particulier, et tels qu'on ait le loisir de s'arreter devant chacun : car ici la qualité est exceptionnelle.

Voici, par exemple, le Bon Pasteur, *de Murillo : on n'ignore pas avec quelle foi le peintre s'adonna à la peinture religieuse, et combien il sut, dans des sujets pareils à celui dont il est ici question, mettre de sentiment attendri et vrai. L'intérieur de Murillo fut d'ailleurs un refuge de recueillement et de piété, puisque ses trois enfants se vouèrent à la religion : ses deux fils furent prêtres, et sa fille, en 1675, prit l'habit au couvent de la Mère de Dieu, à Séville. Rien d'étonnant qu'en ce milieu d'édification mystique, Murillo ait trouvé sa joie d'art dans la représentation d'événements ou de symboles qui fournissaient un thème toujours nouveau à sa dévotion ; son œuvre était comme une prière, et cette prière, sous son pinceau, était singulièrement fervente.*

Le tableau qui se trouve en cette collection est célèbre : il fut offert à M. Guizot par la reine Isabelle, et, en 1874, il faisait partie de la collection Henri Greffulhe : la tête du Bon Pasteur a une adorable expression d'extase enfantine.

Et voici qu'une antithèse violente s'offre à la douceur de cette piété, avec Fragonard et Boucher.

Fragonard est représenté par le Sacrifice à la Rose, *une œuvre d'élégance sensuelle, plus que de passion : une jeunesse qui se pâme, afin de n'avoir point à rougir de laisser contempler sa beauté séduisante : un Amour dont les larges ailes ne demandent qu'à ne plus s'envoler vers les régions idéales ; des regards où chantent les désirs tendres, et les aveux que nulles paroles ne sauraient exprimer, et les serments silencieux qui durent l'éternité... d'un moment ; et sur tout cela, sur les chairs de femme qui vibrent, une lumière blonde de soleil rieur, qui augmente le trouble, sous l'émotion de sa caresse.*

Avec Greuze, nous sommes ramenés d'une mythologie très humaine à une humanité non dépourvue de rêve : c'est une figure dans l'épanouissement de la dix-huitième année, avec du printemps sur les lèvres, et du « sentiment » sous les paupières. Sa joliesse ne se méconnait pas, et sa psychologie, qui aspire à dominer, ne demande pour l'instant rien d'autre que de plaire. Elle n'a pas cependant de vaine coquetterie : elle est naturelle, elle est simple ; elle est clairement vivante, mais elle est femme, femme adorablement, et certes ne doit rien ignorer des mensonges qui enchantent, quand ils ne tuent pas.

La Nymphe surprise, *de Boucher, est femme aussi, et combien malicieuse : tandis qu'elle jouait avec des roses, tout heureuse du bon soleil qui lui buvait, à fleur de peau, l'eau ruisselante après le bain dans la source, voici que des regards se lèvent sur sa beauté nue : une autre, plus mai-*

tresse en son effroi et plus calme en sa pudeur, se fût immédiatement drapée : sa juste colère et son ingénuité conspirent au contraire pour que le curieux soit pleinement satisfait ; les mains de la belle ne savent pas trouver les voiles protecteurs ; seul son visage exprime son angoisse : la pudeur est sauve, et c'est une exquise fantaisie, qui porte en elle tout l'esprit et toute la mesure de galanterie du XVIIIe *siècle.*

Boucher est également représenté ici par deux paysages des environs de Beauvais, des notes de nature, émanées d'une source d'inspiration qui lui fut chère, et où il parut réaliste à sa manière, avec une indéniable sincérité de vision et une suffisante liberté de faire.

Enfin, je signalerai d'un mot les deux jolies compositions de Pater, d'une si aimable élégance, le noble portrait de Germain et de sa famille, par Tournières, où la majesté s'unit à l'esprit espiègle, et le portrait d'homme, d'Albert Durer, qui est d'un caractère si intense.

On le voit, ce cabinet d'amateur était un vrai régal pour celui qui l'avait formé avec un soin jaloux : c'était un écrin précieux, dont les perles vont se disperser pour aller enrichir d'autres écrins. Éternel et enviable destin des belles choses !

L. ROGER-MILÈS

Boucher

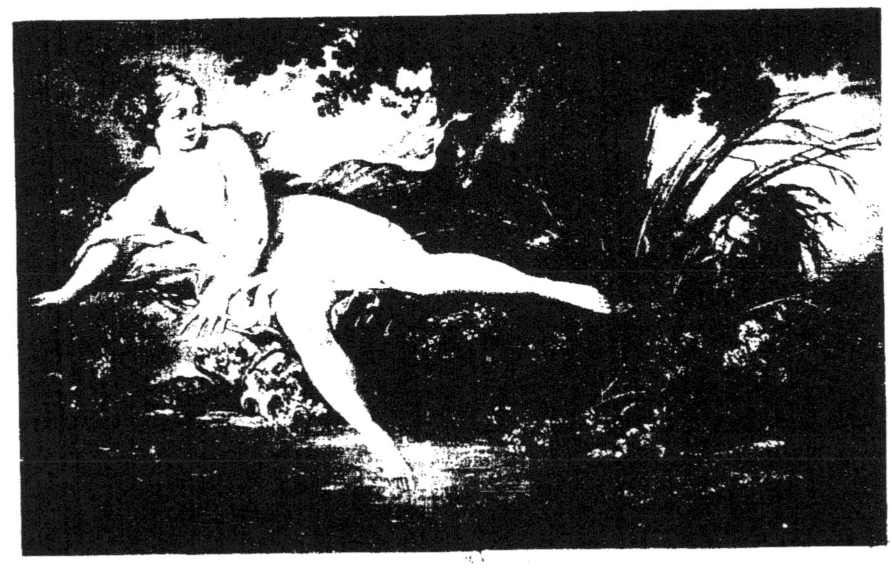

TABLEAUX ANCIENS

BOUCHER

F.

N° 1

La Nymphe surprise.

Après s'être baignée, la petite nymphe aux chairs rosées s'est étendue sur des draperies blanches, rouges et jaunes. Son pied droit baignait encore dans l'eau. Elle avait cueilli aux buissons d'alentour des roses et d'autres fleurs pour en parer sa beauté. Déjà, parmi ses cheveux blonds, une fleur se réjouissait de pâlir. Elle se croyait seule, et peut-être le regrettait-elle : et voici que soudain, parmi les roseaux, une tête apparaît, celle de quelque satyre dont la mauvaise curiosité fait tant de tort aux petites nymphes dévêtues. Et la pauvrette a un geste d'effroi, mais comme elle est femme, après tout, et devine dans les regards qui la guettent une admiration non dissimulée, un imperceptible sourire glisse sur sa lèvre. Elle mettra toute son ingénuité à ne pas interrompre sitôt la conversation, et c'est le vieux satyre, coutumier de ces sortes d'indiscrétions, qui, peut-être, surpris de tant de naïveté, s'enfoncera de nouveau parmi les roseaux, qui le cachaient si mal.

Signé à droite, en bas : *1764*.

Toile. Haut., 56 cent ; larg., 58 cent.

BOUCHER

(F.)

N° 2

Le Viaduc (Environs de Beauvais).

Au milieu, accroupie au bord d'une eau courante, une ménagère en jupe rouge lave son linge, tandis que près d'elle s'amusent ses enfants. Devant elle, de l'autre côté de l'eau, la roue du moulin, puis le moulin. A gauche, quelques massifs d'arbres. A droite, un viaduc, sous lequel s'ouvre une arche de pierre. Sur le viaduc, un homme se tient adossé au garde-fou. Au-dessus des branches et des constructions, le ciel plane très bleu avec de matinales lueurs roses.

Toile. Haut., 50 cent.; larg., 61 cent. 1/2.

Boucher

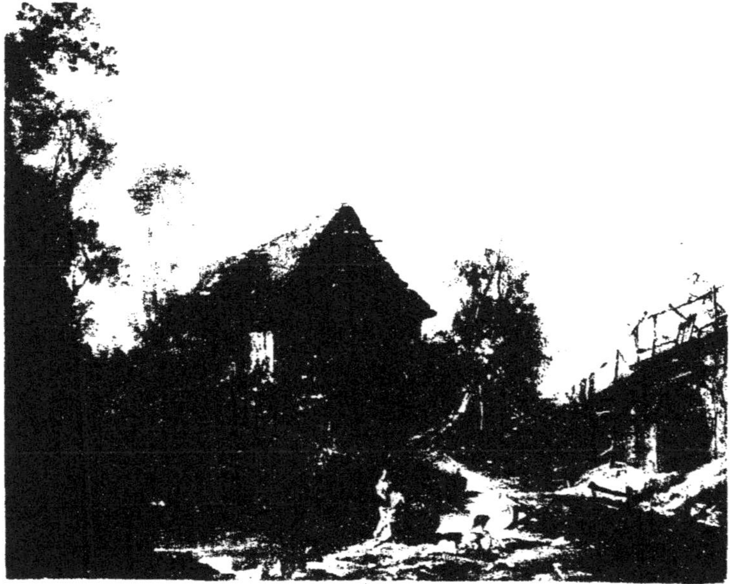

Bouches [illegible]

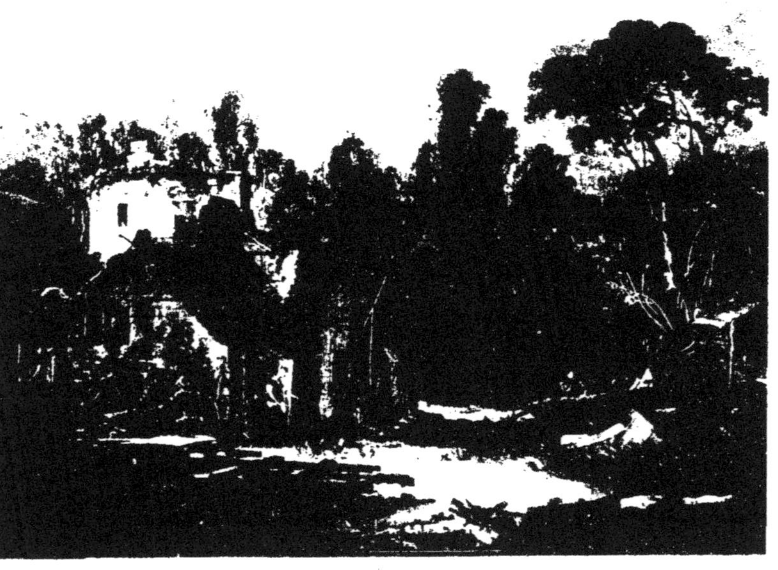

BOUCHER

(F.)

N° 3

Le Moulin (Environs de Beauvais).

A gauche, le moulin dont les palettes en mouvement dégouttent d'eau. Près de cette roue, la construction d'une petite ferme, à la porte de laquelle la fermière debout donne du grain aux poules et aux coqs, sous l'œil préoccupé de son petit garçon, tandis qu'à la fenêtre ouverte, du côté de la ferme, on aperçoit un paysan qui conte fleurette à une belle. Au-dessus d'eux, des colombes blanches causent par couples. Au fond et à droite, une entrée de forêt. A droite également, sur un tertre, un homme assis, ayant à côté de lui son chien. Dans le premier plan, entre des rives qu'embarrassent quelques troncs d'arbres coupés, coule un ruisseau.

Signé à droite, en bas : *1743*.

Toile. Haut., 4[illegible] cent. 1/2 ; larg., 5[illegible] cent.

DURER

(ALBERT

N° 4

Portrait d'homme.

Il est vu de trois quarts à gauche, jusqu'à mi-corps. Il est assis. Il est vêtu d'une robe noire, dont le col ouvert forme deux revers doublés d'étoffe marron. Il est coiffé d'un chapel noir sur le béguin qui épouse la tête. Ses cheveux sont châtain clair. Il a les lèvres sensuelles, le menton et le nez volontaires, les yeux bleus, le front puissant; la figure se dessine sur un fond rouge.

Signé à droite, en haut, du monogramme et daté : *1509*.

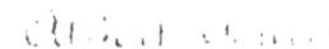

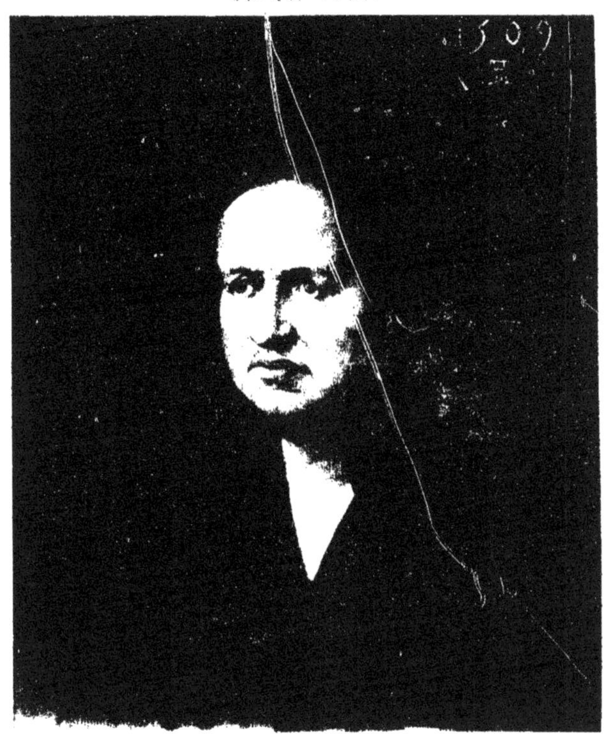

Portrait d'homme

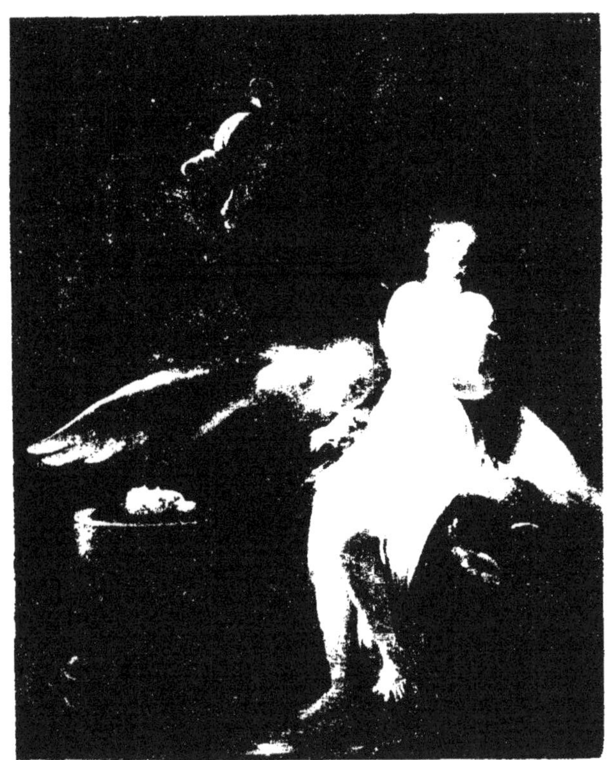

FRAGONARD

N° 5

Le Sacrifice à la Rose.

A droite, Psyché portée par des amours. Elle est vêtue d'une draperie blanche et d'une draperie jaune clair, dont les tons font valoir l'incarnadin de sa chair frissonnante. Elle renverse sa tête à la lèvre à la fois souriante et inquiète, aux yeux demi-clos, sous l'afflux du désir indéfini pour elle et de la volupté qu'elle devine. De sa main gauche elle retient contre sa chair des draperies qui ont glissé de ses épaules et laissent découverte sa gorge, marquée de deux roseurs virginales, mais elle abandonne sa main droite à l'Amour envolé près d'elle et qui, sur un autel de l'Hymen où la passion a sculpté ses images les plus abandonnées, lui consacre la rose épanouie aux symboles tendres. Dans la nuée, à gauche, des amours joufflus, ayant l'ingénuité espiègle ou l'espièglerie ingénue, assistent curieux au sacrifice.

Poème de chair caressé par le soleil ! rêve de la beauté vivante ! éternelle chimère ! Mensonge essentiel de la vie !

Panneau. Haut., [illegible] cent.; larg., 42 cent. 1/2.

LE MOYNE

F.

N° 6

Galathée.

A droite, Pygmalion, vêtu d'un costume rouge et d'une tunique dont on ne voit que les manches jaunes, était en contemplation devant son œuvre. Mais voici que subitement la statue s'anime. Une chaleur rosée colore sa gorge qui a laissé glisser une robe de gaze rayée bleu et blanc ; un frisson parcourt ses jambes, que découvrent des draperies relevées. Les pieds seuls sont encore enlisés dans l'immobilité de la matière. A gauche, au bas de la statue, un amour s'arrête de copier l'image de sa beauté, et à droite, à la hauteur des épaules de Galathée, un autre amour quelque peu espiègle indique au statuaire que la vie est rentrée dans la forme née de ses mains.

Pygmalion a laissé tomber ses ciseaux et son maillet, et, les bras à demi écartés, le regard plein de passion, il admire, il admire !...

Signé à droite, en bas. Daté : *1729*.

Toile. Haut., 2 m. 12 ; larg., 1 m. 68.

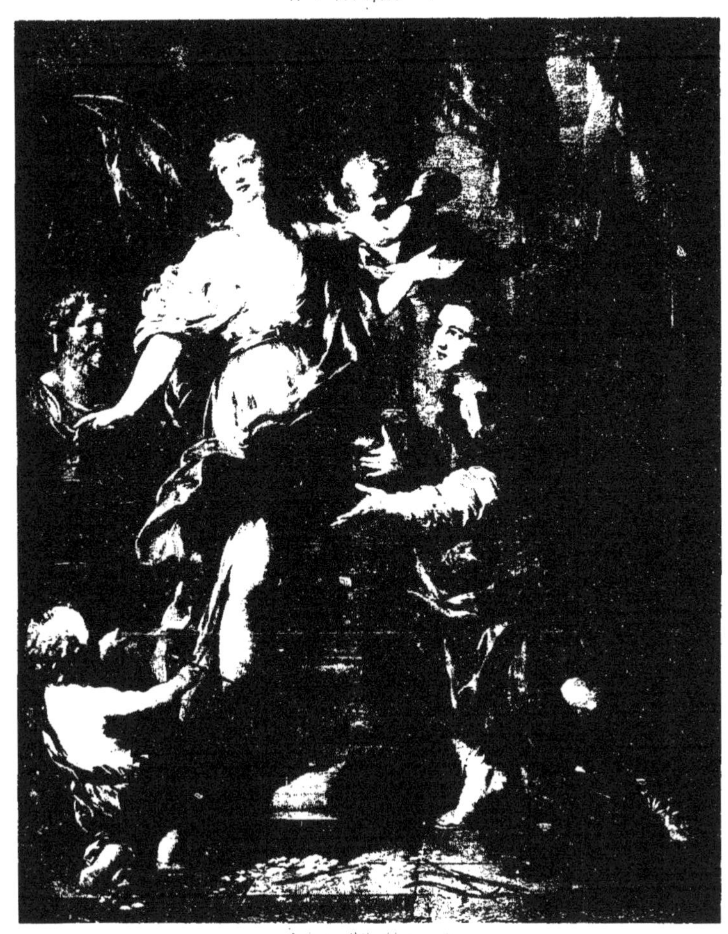

Galathée

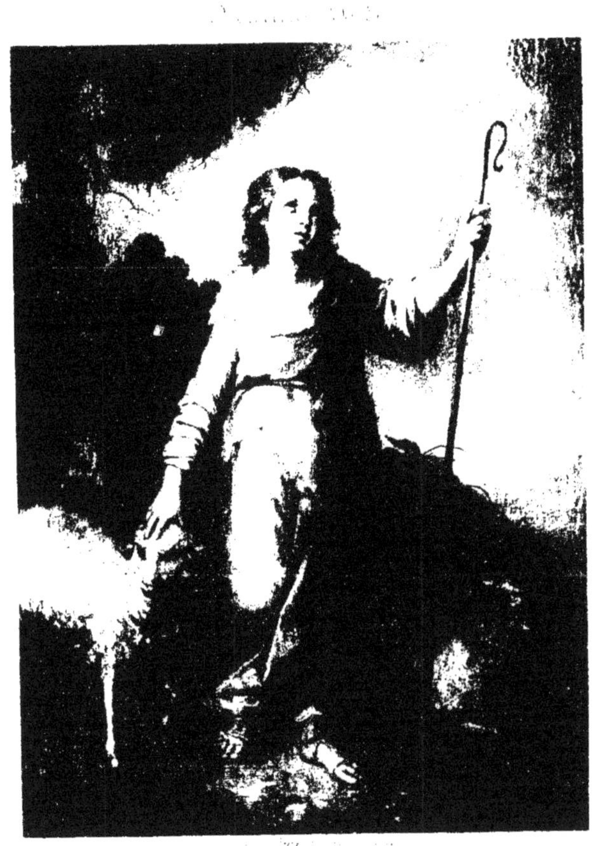

MURILLO

N° 7

Le petit Pasteur.

Sur une colline, debout, le Bon Pasteur est vu de face, la main droite pesant sur la tête d'un de ses moutons, la main gauche appuyée au bâton pastoral. Il est vêtu d'une robe rosée et d'une peau de bête serrée à la ceinture par une corde. Le col est largement découvert, le visage est rose, l'expression tendre et douce. L'ovale des joues est d'une extraordinaire jeunesse. Les yeux sont levés, le regard cherchant la divinité dans l'infini de l'azur. Les cheveux blonds, découvrant heureusement le front, flottent épars sur les épaules. Les pieds nus sont protégés contre les cailloux de la route par des sandales que retiennent des lanières blanches. A gauche, un arbre aux frondaisons sombres. Derrière le Bon Pasteur et à sa gauche, deux brebis.

La silhouette du Bon Pasteur se détache sur un fond de ciel ensoleillé.

C'est là une œuvre d'une délicieuse ingénuité, et d'une expression où se manifeste une extraordinaire sincérité d'âme.

Toile. Haut., 56 cent. 1/2 ; larg., 42 cent.

Collection Guizot.
Collection Henri Greffulhe (1874).

PATER

N° 8

Concert dans un parc.

Au fond du parc, près d'un vase de pierre, ils se sont arrêtés. Une jeune femme, vêtue de rose, s'est assise et tient ouvert le cahier des romances à chanter. De sa main gauche, elle indique la mesure, tandis que de ses deux compagnons, l'un, debout, vêtu de vert, joue de la flûte, l'autre assis et vêtu de rouge pince les cordes d'un luth. A quelque distance, un galant et une belle, assis parmi les mousses, se soucient peu de la flûte et du luth. Le galant, la main passée à la taille de la jeune femme, qui résiste, ne veut connaître que la musique du baiser, mais la belle a éloigné sa joue des lèvres qu'on lui tendait, et la ligne de ses épaules découvertes et de son col de cygne n'en est que plus séduisante. Au fond, à gauche, on aperçoit, de l'autre côté du ruisseau, une colline dont la silhouette se dresse sous un ciel d'azur où montent quelques nuages blancs.

Toile. Haut., 46 cent.; larg., 57 cent.

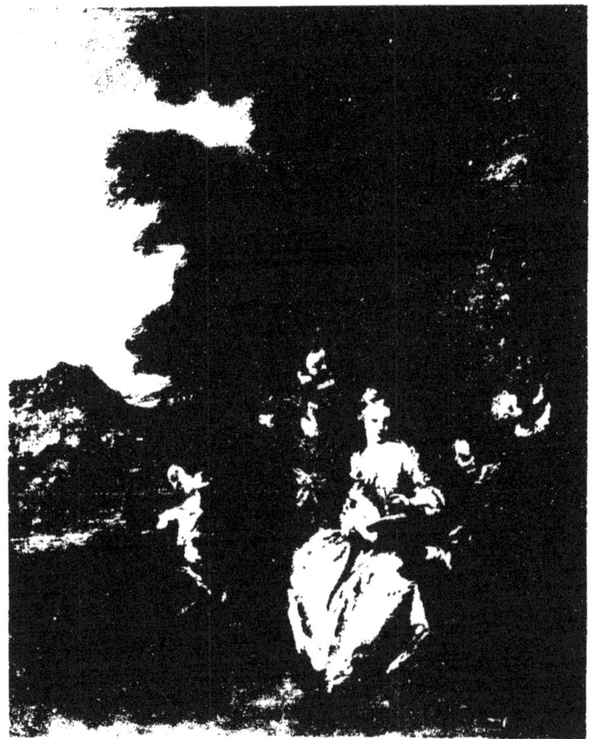

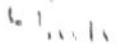

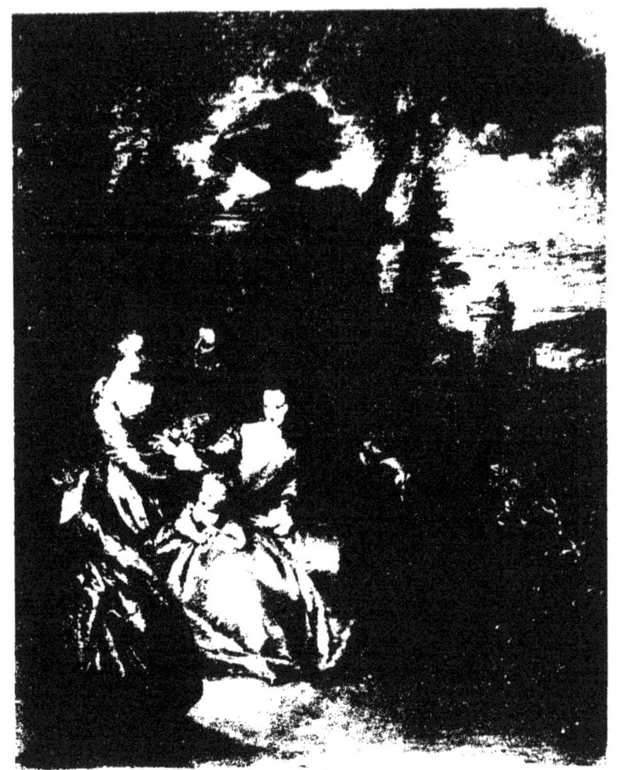

PATER

N° 9

La jolie Bouquetière.

Au fond du parc, la jeune femme en robe jaune s'est assise, ayant près d'elle, d'un côté, un enfant en robe rouge et un jeune homme couché parmi les mousses et accoudé sur une pierre. Il est vêtu en Mezzetin. Derrière, près d'un massif d'arbres, une bouquetière offre la corbeille de fleurs qu'elle vient de cueillir. Elle est blonde; sa robe, au corsage décolleté, s'ouvre aux regards enchantés du jeune garçon, qui lui caresse le dos de sa main gauche et, devant ce groupe de figures souriantes, une jeunesse vêtue de bleu se dandine gauchement dans un désir inexprimé. Au fond, à droite, une campagne et une silhouette de château, sous un ciel d'azur où s'envolent des nuées grises.

Gravé par Villæle.

Toile. Haut., 45 cent.; larg., 57 cent.

TOURNIÈRES

(ROBERT)

Nº 10

Germain et sa famille au Louvre.

Le maître orfèvre, vêtu de noir, est assis dans un grand fauteuil, et il désigne de la main, dans un geste satisfait, une pièce d'orfèvrerie dont il a su faire un chef-d'œuvre. Cette pièce est placée sur un tapis d'Orient, dont les pans couvrent en partie un coffre de mariage de la Renaissance italienne. Sa femme s'appuie de la main gauche au dossier du fauteuil. Devant lui, son fils, puis deux jeunes filles. Enfin, à droite, un enfant appuyé contre le coffre. Au fond, des vitrines où sont les modèles du maître.

Signé en bas, dans la cimaise du coffre.

Panneau. Haut., 55 cent.; larg., 69 cent 1/2.

Robert Tournières.

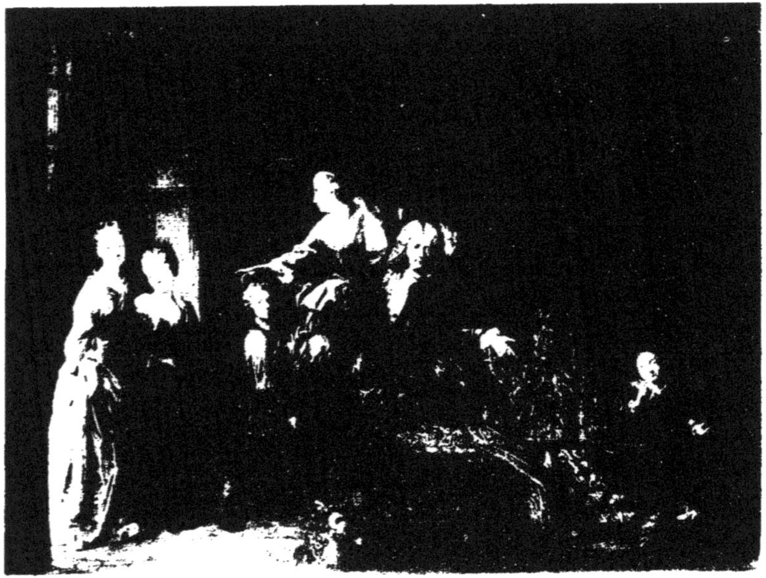

Tableaux Anciens

DE PREMIER ORDRE

PAR

F. Boucher, A. Durer, H. Fragonard, Le Moyne
Murillo, Pater, etc.

FORMANT LA COLLECTION DE M. S...

CARTE D'ENTRÉE A L'EXPOSITION PARTICULIÈRE

qui se fera

GALERIE GEORGES PETIT, 8, Rue de Sèze, 8

Le Mardi 12 Juin 1900, de 1 heure à 6 heures

Me GEORGES DUCHESNE	M. HENRI HARO
Commissaire-Priseur	Peintre-Expert

Vente HOTEL DROUOT. Salle N° 1, le Jeudi 14 Juin 1900, à 3 h. 1/2.

www.ingramcontent.com/pod-product-compliance
Ingram Content Group UK Ltd.
Pitfield, Milton Keynes, MK11 3LW, UK
UKHW020431180726
13839UKWH00003B/1441